Inhaltsverzeichnis

Sabine
und das Gewitter

Abbildungen von Pierre Couronne
Text von Susanne Langer

«Sabine, schiebst du mich an?» fragt Matthias.
«Nein! Jetzt ruhe ich mich aus!» sagt Sabine.
«Wie heiß es ist!» seufzt sie.
«Sicher gibt es bald ein Gewitter.»
«Bitte, Sabine, stoß mich jetzt an!» bittet Matthias.
«Nein, ich helfe Mutti beim Wäscheabhängen!»

«Mach schnell, Sabine, schau, der Himmel wird schon ganz dunkel!
Jetzt beginnt auch schon der Sturm!» ruft Mutter.
«Hoffentlich wird das Gewitter nicht so schlimm!»
«Schnell, Matthias, hilf uns, wir schaffen es sonst nicht. Aber wo steckst du?»
«Mutti! Mutti! Matthias ist verschwunden!»

«Hu! Ich bin
das unheimli-
che rosa Gespenst...
Hu, hu!» jault Matthias.
«Grr!» knurrt Purzel.
Sabine muß lachen.
«Hör auf, Matthias! Hör nur,
wie es donnert!...
Schnell, laufen wir ins
Haus!»
Sabines Haare fliegen im
Wind, als sie losläuft,
aber...

«Wo ist Purzel geblieben?» fragt Sabine besorgt. «Jetzt ist das Gewitter da, es regnet, und wo ist unser Hund?» ruft sie laut in den Regen.
«Reg' dich nicht auf! Er kann nicht weit sein!» versucht Matthias sie zu beruhigen.
«Weißt du vielleicht, wo er sich versteckt?»

Endlich hat Sabine Purzel gefunden.
«Aua, wie laut der Donner ist!» ruft Matthias.
«Schau nur die Blitze an! Einer folgt dem anderen.
Noch nie habe ich ein so heftiges Gewitter erlebt. Du, Sabine?»
Aber Sabine hört nichts. Sie hat Angst. Sie hält sich die Ohren zu und schließt die Augen...
Plötzlich sieht Matthias einen hundertmal helleren Blitz und hört einen ungeheuer lauten Krach...
Ein Blitz hat in den blühenden Apfelbaum eingeschlagen - so ein Schreck!

Das Gewitter ist vorüber. Doch der blühende Apfelbaum ist kaputt. Vom Blitz getroffen, ist der Stamm bis zu den Wurzeln gesplittert.

Sabine ist sehr traurig. Es war ihr Lieblingsbaum. Wie gerne hatte sie hier gespielt! Ihr Bruder will sie trösten, doch nichts hilft. Immer wieder sagt sie :
«Ich hasse Gewitter!»

Um sie abzulenken, hat
Matthias eine Idee.
«Schau, Sabine, ich bin
ein Seiltänzer, der balan-
cieren muß!
Achtung! Achtung!...
Hier kommt Purzel, ein wil-
der Tiger, der riesige
Sprünge macht!»

Aber Sabine paßt nicht richtig auf. Auf den Blüten des Apfelbaums sitzen bunte Schmetterlinge in allen Farben. Sabine hält den Atem an, um sie nicht zu erschrecken. Wie schön sie anzuschauen sind... Und sie beginnt zu träumen : von Feen und Prinzessinnen, von Feen mit Schmetterlingsflügeln und von leichtfüßigen Prinzessinnen, sie träumt und träumt, aber

Das Gekläff von Purzel holt sie auf die Erde zurück... Er hat in den Zweigen des Baumes ein Nest mit Vögeln entdeckt.
Sie sind ganz nackt und reißen dauernd den Schnabel auf.
«Mutti, Matthias! Kommt schnell!» ruft Sabine.

Wer wird sich um die Kleinen kümmern? «Am besten ist es, wir bringen das Nest zu einem anderen Baum, wo die Eltern hoffentlich das Nest wiederfinden werden.» Gesagt, getan. Die Mutter nimmt das Nest vorsichtig in die Hand und geht voraus. Sabine und Matthias bringen die große Holzleiter.

Die kleinen Vögel schreien und schreien. Sie rufen nach ihrer Mutter. «Schau!» wispert Matthias ganz aufgeregt. «Es hat geklappt! Die Vogelmutter hat sie wiedergefunden!» «Pst! Du wirst sie erschrecken!» Der Himmel ist jetzt wieder ganz blau, und Sabine hat sich beruhigt.

Als Matthias wieder zum Apfelbaum zurückkehrt, entdeckt er etwas unter den Zweigen.
«Schau, was da liegt! Ein kleines weißes Ei!»
Gerade stolziert die Henne davon.
«Das ist bestimmt ein guter Platz!
Komm, wir bauen uns unter den Ästen
ein Haus!» schlägt Sabine vor.

Toll! Die Mutter hat gerade einen großen Kuchen gebacken. Ganz schnell ist das Picknick fertig.
Matthias beißt gerade ein Stück Kuchen ab. Nachdem Sabine für Purzel ein Fläschchen mit Milch gefüllt hat, gießt sie sich selbst einen Becher voll ein.
Endlich ist nach einem so aufregenden Tag, den sie alle nicht so schnell vergessen, Ruhe eingekehrt.

Bald ist das Haus aus Blüten fertig. Matthias hat eine alte Decke gefunden.
«So ist es besser. Wir haben ein richtiges Dach!»
Sabine hat noch etwas Geschirr geholt, um für ihren Hasen eine Kräutersuppe zu kochen. So läßt es sich schon gut aushalten!

Sabine
im Puppentheater

Abbildungen von Pierre Couronne
Text von Susanne Langer

Heute nachmittag gehen Sabine und ihre Mutter mit Purzel in den Park, denn dort wird Puppentheater gespielt.
«Hallo, Sabine!» ruft Klaus, ein Schulfreund.
Er war es gewesen, der die jungen Hunde in die Schule mitgebracht hatte, darunter Purzel.
«Hallo, Klaus! Kennst du ihn noch?» sagt sie und zeigt auf Purzel.

«Wie groß er geworden ist!» bemerkt Klaus erstaunt.
«Ich hoffe, er ist heute brav», meint Sabine.
Die beiden setzen sich nebeneinander. Sabines Mutter will gehen und ermahnt Sabine, auf Purzel aufzupassen.
«Du darfst nicht vergessen, daß er noch sehr jung ist!»
Tock, tock, tock! Die Klopfzeichen bedeuten, die Vorstellung beginnt!

Der Vorhang hebt sich, die Geschichte spielt in dem Park, wo sich die Zuschauer befinden.
Zwei Kinder haben sich dort verlaufen und treffen eine Hexe, die sich als alte Frau verkleidet hat.
«Kommt nur her zu mir, liebe Kinder!» lockt sie, «mein Haus ist ganz aus Lebkuchen. Eßt soviel ihr wollt davon, das wird euch schmecken!»

Purzel nimmt die Einladung gerne an und springt auf die Bühne, wo er alles durcheinander zu bringen droht. Die Hexe will ihn mit Hilfe ihres Besens verjagen.
«Purzel! Hierher!» schreit Sabine. Der kleine Ausreißer kommt tatsächlich zurück.
Was wird mit den Kindern passieren?

Gerade sperrt die Hexe den Jungen in einen Stall, das Mädchen muß hart arbeiten.
«Haha!» kichert die Hexe.
«Jetzt wird es euch schlecht ergehen!»
«Weg mit dir, du schreckliche Hexe!» schreien die kleinen Zuschauer ganz aufgebracht.
Purzel hält es nicht mehr aus : Er bellt und springt erneut auf die Bühne. Das Stück wird wieder unterbrochen.
«Bravo! Bravo!» rufen die einen.
«Ruhe! Pst!» schreien die anderen.

Die ganz kleinen Kinder sind froh für die Unterbrechung durch Purzel. Sabine und Klaus nutzen die Gelegenheit, um sich heimlich wegzuschleichen.
«Schau Purzel, das sind doch nur Puppen!» erklärt Sabine.
«Auf jeden Fall hat Purzel Charakter!» stellt Klaus fest. Die Geschichte endet unter dem Applaus der Kinder glücklich : Die Hexe wird bestraft, die Kinder sind frei.

Einige ganz Neugierige wollen wissen, was sich hinter der Bühne abspielt. Der Puppenspieler erzählt von seinem Beruf und zeigt die Puppen.
«Lassen Sie sie sprechen?» erkundigt sich Sabine.
«Ja sicher. Einmal bin ich ein kleiner Junge, dann wieder eine alte Frau!» sagt er und ahmt die Stimmen nach.
Sabine sieht, wie sich die Schnüre bewegen.
Purzel hat sich ausgetobt und mit Holzstücken gespielt. Trotzdem betrachtet er die Hexe mißtrauisch.

Im ganzen Park gibt es Attraktionen.
Sabines Mutter ist wieder bei den Kindern.
«Kommt näher! Habt keine Angst!» sagt der Feuerschlucker und zeigt seine Kunst.
«Toll!» sagt Klaus.
«Wie gerne würde ich das Geheimnis kennen!»

Der Jongleur und die anderen Artisten zeigen ebenfalls, was sie können.
Sabine bewundert sie alle und klatscht begeistert. Ein junges Mädchen balanciert auf einem Einrad.

«Wie geschickt sie ist! Wo es auf zwei Rädern schon schwierig genug ist!» überlegt Sabine.

Etwas weiter entfernt bereitet ein Zauberer seine Vorstellung vor : Er hat alles, was er benötigt. Sabine und Klaus bemühen sich um einen Platz in der ersten Reihe. Der Zauberer begrüßt seine jungen Zuschauer. Er zaubert Bälle, Tücher, Tauben und Hasen vor den Augen Purzels aus seinem geheimnisvollen Hut. Das begeisterte Lachen der Kinder ermutigt den Zauberer.

«Für das folgende Kunststück
brauche ich jemand Freiwilligen!»
sagt der Zauberer.
«Wer ist der erste von euch?»
Sabine hat sich sofort gemeldet
und kommt daher dran.
Der Zauberer bittet sie, in eine
große Kiste zu klettern.
Er schließt den Deckel, murmelt
ein paar Zauberformeln und...

Keine Sabine mehr!
«Ihr seht selbst»,
sagt der Zauberer,
«diese Kiste ist leer!»
Wie schrecklich!
Purzel jault : Er ist untröstlich. Wo ist seine kleine Herrin nur geblieben?
Alle Kinder drehen sich nach ihm um.

Sabines Mutter ist gekommen un tröstet Purzel. In den folgenden Sekunden herrscht vollkommene Stille. Der Zauberer öffnet mit einer eleganten Bewegung erneut die Kiste, und Sabine erhebt sich lachend. Sabine bekommt für ihre glänzende Vorstellung eine Tüte Bonbons, die sie mit Klaus und dem armen Purzel teilen will.

«Wie schade, daß wir gehen müssen!» meint Sabine. «Vielleicht werde ich später einmal eine Zauberkünstlerin.» Purzel ist froh, daß sie den Park verlassen.
Stolz trägt er die Tüte mit den übriggebliebenen Bonbons. Sabine erzählt ihrer Mutter noch begeistert von dem Puppenspieler und seinen Marionetten.

Sabine
und Laura

Abbildungen von Pierre Couronne
Text von Bettina Weber

Als Sabine heute aus der Schule kommt, hat Papa eine Überraschung für seine kleine Tochter :
«Deine Kusine Laura kommt zu Besuch.»
Das Mädchen freut sich riesig und beginnt sofort, ihr Zimmer aufzuräumen und zu schmücken.

Sabine fiebert schon dem Tag entgegen, an dem Laura ankommen wird, denn sie kennt ihre Kusine

ja nur von Fotos.
«So, meine kleinen Püppchen, auch ihr müßt für unseren Besuch hübsch sein.»
Sabine ist unermüdlich, sie hat sogar schon die Buntstifte angespitzt und all ihr Spielzeug ins Regal geräumt. Die Eltern schmunzeln über ihr fleißiges Töchterchen.

«Nun kann Laura kommen», denkt Sabine, die sich zufrieden in ihrem ordentlich aufgeräumten Zimmer umschaut.
«Wir werden uns prächtig mit unserer neuen Freundin verstehen», lacht das Mädchen und bindet Purzel, dem Hund, eine hübsche rote Schleife um.

Endlich ist es soweit : Sabine und ihr Vater gehen Laura vom Bahnhof abholen. Sie begrüßen den Ankömmling herzlich, aber das Mädchen scheint sich gar nicht zu freuen.
«Hui! Ist das kalt hier!» sagt Laura und rümpft die Nase. «Ja, es wird bald schneien», erwidert Sabine.

Mittags hat Laura keinen Hunger – ja, sie ißt nicht einmal ein Stück von dem herrlichen Kuchen. Sabine ist sehr enttäuscht : Warum lacht Laura nie? «Möchtest du mit meinen Puppen spielen?» fragt Sabine schüchtern, aber ihre Kusine würdigt sie keines Blickes.

Die kleine Gastgeberin ist den Tränen nahe. Was hat sie bloß falsch gemacht, daß Laura so unfreundlich zu ihr ist?
«Ich spiele nicht mehr mit Puppen!» sagt das Mädchen barsch.
Da dreht sich Sabine wütend um und geht aus dem Zimmer.

«Sei nicht böse, mein Schatz», tröstet die Mutter ihre Tochter. «Sicher hat Laura Heimweh und muß sich erst ein wenig bei uns einleben.»
«Ja, vielleicht», seufzt Sabine und geht nachdenklich zurück ins Haus.

Auch noch am Abend ist Laura stumm und unnahbar, obwohl sich alle sehr um den kleinen Gast bemühen.
Nicht einmal Purzel, der niedliche Hund, gewinnt Lauras Herz. Und als Schlafenszeit ist, geht sie ohne ein Wort ins Bett.

Als Sabine am nächsten Morgen aus dem Fenster schaut, entdeckt sie, daß es über Nacht geschneit hat. «Hurra!» jubelt das Kind und macht einen Freudensprung. Schnell die warmen Kleider aus dem Schrank geholt und los geht's! – Aber Laura ist überhaupt nicht begeistert.

«Wir werden viel Spaß haben. Du wirst schon sehen», versichert Sabine mit leuchtenden Augen und holt den Schlitten aus dem Keller.
Laura verzieht keine Miene, als sie den Rodelberg hochstapfen.
Oben angekommen, überläßt Sabine ihrer Kusine den Schlitten.
«Na gut...», murmelt Laura und nimmt Anlauf.

Da stellt sich plötzlich ein kleiner Junge mitten auf die Piste!
«Laura! Paß' auf!» ruft Sabine voller Panik.
Auch Laura hat sich mächtig erschrocken und reißt den Schlitten jäh nach rechts – dabei verliert sie das Gleichgewicht und stürzt kopfüber in den Schnee!

«Ha, ha!» lachen die umstehenden Jungen und zeigen schadenfroh auf Laura, die sich wütend mit einem Schneeball rächt... und Sabine kommt ihr zu Hilfe.

«Denen haben wir es aber gezeigt!» freut sich Laura. Da prustet Sabine los: «Du kannst ja lachen!»

Lauras schlechte Laune ist wie weggeblasen. Die beiden Freundinnen verbringen einen tollen Nachmittag.

Die Mädchen verstehen sich blendend. Sie langweilen sich keine Minute und bauen einen großen Schneemann.

Leider vergeht die Zeit viel zu schnell, und schon bald ist der Tag der Abreise gekommen.
«Versprich, daß du mir oft schreibst», sagt Laura, als sie ihren Koffer packt. «Natürlich», lacht Sabine. «Und zum Abschied schenke ich dir dieses Bild.» «Danke», freut sich Laura.

«Und in den nächsten Ferien sehen wir uns sicher wieder.»
«Abgemacht!» lacht Laura und nimmt ihre neue Freundin in den Arm.

«So, ihr beiden, es wird höchste Zeit – sonst fährt der Zug ohne Laura», sagt der Vater und schaut auf die Uhr.
«Gute Reise», verabschiedet sich Sabine.

Sabine
und der Wettbewerb

Auf dem Schulweg kommt Sabine am Kiosk von Herrn Fröhlich vorbei.
«Guten Morgen!» lacht sie.
«Hallo, Sabine! – Hast du schon von dem Drachenbauwettbewerb gehört? Man kann viele Preise gewinnen.»
«Oh, toll!» ruft das Mädchen und liest den Zettel mit den Teilnahmebedingungen.

Sabine ist mit den Gedanken nur noch bei dem Wettbewerb. Sie paßt während des Unterrichts kaum auf und träumt von den tollen Preisen.
Da wird sie plötzlich hellhörig : Die Lehrerin nimmt heute den Schmetterling durch.
«Ich hab's!» schießt es Sabine durch den Kopf.
«Mein Drachen soll ein Schmetterling sein!»

Unruhig rutscht Sabine auf ihrem Stuhl hin und her, als es endlich zur großen Pause gongt. Auf dem Schulhof grübelt das Mädchen über ihrem Zeichenblock. «Was machst du da?» schreckt sie plötzlich Kevins Stimme auf.

«Ich nehme an einem Wettbewerb teil. Vielleicht baue ich den schönsten Drachen und gewinne den ersten Preis», sprudelt Sabine aufgeregt hervor. «Willst du mir helfen, Kevin?»
«Ja, gut!» nickt der Junge.

Am Nachmittag
verwandelt sich Sabines
Zimmer in eine richtige,
kleine Werkstatt.
Die beiden Kinder sind
ganz bei der Sache :
Hier wird geklebt,
geschnitten, genäht
und gemalt.
«Hoffentlich werden wir
bis zum Tag des
Wettbewerbs fertig»,
überlegt Sabine, als
die Mutter ins Zimmer
kommt und den
fleißigen Bastlern
eine kleine
Stärkung bringt.

Purzel, der kleine Hund, versteht die Welt nicht mehr : Niemand spielt mit ihm.
Was geht hier vor?

Nur noch ein paar Pinselstriche, und fertig ist der wunderschöne Drachen.

«Oh, je!» ruft Sabine entsetzt. «Schau mal, da ist ein Loch!»

Kevin beugt sich vor, als das Mädchen auch schon losprustet : «Reingelegt!»

Endlich ist der große Tag gekommen. Im Park wimmelt es schon vor aufgeregten Kindern, die auf den Startschuß warten.
«Wo ist Kevin?» wundert sich Sabine, als sie ihren Freund im Gedränge nicht finden kann.
«Ohne ihn sind wir aufgeschmissen», murmelt das Mädchen und schaut zu Purzel hinunter.

Da fällt auch schon der Startschuß!
«Dann müssen wir es eben allein schaffen», ruft Sabine wütend, als die ersten Drachen schon in der Luft schweben. – Aber, oh Schreck, Purzel hat sich in der Schnur hoffnungslos verheddert! Niemand achtet auf Sabine. Die Kinder haben nur Augen für die bunten Papierflieger am Himmel.

Purzel, der Hund, schaut sein Frauchen mit großen, traurigen Augen an, da ist Sabines Zorn auch schon verflogen. Seufzend kniet sie sich hin und versucht, die Schnur zu entwirren.
«Heute ist nicht gerade unser Glückstag!» murmelt das Mädchen, als es anfängt zu regnen.

Der Regenschauer unterbricht jäh den Wettbewerb.
Die Kinder laufen in alle Richtungen.
«Da seid ihr ja!» ruft Kevin. «Ich habe euch überall gesucht. – Schaut mal, ich habe noch ein paar bunte Bänder für unseren Drachen mitgebracht.»

Bald darauf sind die Wolken vorübergezogen, und die ersten Drachen segeln schon wieder in der Luft. Dieses Mal steigt auch der hübsche Schmetterling von Kevin und Sabine hoch in den Himmel hinauf, als plötzlich die Schnur reißt!

Der Schmetterling
steigt höher und
höher.
«Ohh», geht ein
Raunen durch die
Menge. Und bald ist
der Drachen nur
noch ein kleiner
Punkt am Himmel.

Und so gewinnen Sabine und Kevin doch noch einen Preis. «Euer Drachen ist am höchsten geflogen», schmunzelt der Schiedsrichter und überreicht den Kindern ein Buch und einen Tennisschläger.

Sabine

besucht Michael

Abbildungen von Pierre Couronne
Text von Kathi Stockheim

Heute findet ein großes Ereignis auf dem Fußballplatz statt :
Alle Kinder der Umgebung sind gekommen und wollen ihre Luftballons aufsteigen lassen.
Sabine und Purzel machen auch mit.
Schnell befestigt das Mädchen noch den Zettel mit Namen und Anschrift, und dann kann die Reise losgehen.
Rasch steigen die bunten Ballons in den Himmel auf, und die Kinder bewundern das farbenprächtige Schauspiel.
«Wo mag unser Ballon wohl hinfliegen?»

Nach einigen Tagen überreicht Vater seiner Tochter einen Brief.
«Den hast du sicherlich schon sehnsüchtig erwartet», schmunzelt er.
Sabine kann ihre Neugierde kaum zügeln und reißt sofort den Briefumschlag auf.
«Hör zu, Purzel! Ein Junge namens Michael hat unseren Luftballon gefunden, und er würde sich sehr über unseren Besuch freuen», liest das Mädchen vor.
Purzel hört andächtig zu. «Da steht uns bestimmt wieder ein lustiges Abenteuer bevor», freut er sich.

Eine Woche später sitzen die beiden im Zug. Es ist Purzels' erste Bahnreise, und staunend betrachtet er aus dem Fenster die vorbeifliegende Landschaft.
Sabine ist ganz in Gedanken verloren : «Wie Michael wohl aussehen mag? Ob er mich auch sympathisch findet? Hoffentlich verpassen wir uns nicht auf dem großen Bahnsteig!»...

Bei Ankunft des Zuges hat Michael Sabines Luftballon hochgehalten, und sie hat ihn sofort entdeckt.
«Guten Tag, du mußt Michael sein», begrüßt sie freudig den Jungen.
«Hallo, schön daß du da bist», strahlt Michael.
«Du hast aber einen niedlichen, kleinen Hund! So einen Begleiter wünsche ich mir schon lange! Ich hoffe, ihr hattet eine angenehme Reise.»
Die Kinder machen sich auf den Weg zu Michaels Haus, das in der Nähe vom Bahnhof steht.

Bei dem Jungen zu Hause wird
Sabine mit lautem Geschrei
begrüßt :
«Guten Tag, guten Tag!»
kreischt eine Stimme.
Sie sieht sich erschrocken um.
«Darf ich vorstellen», lacht
Michael, «das ist mein
Papagei Rico.»
«Guten Tag, Rico», antwortet
das Mädchen, «du bist ja ein
richtiger Spaßvogel.»
Purzel ist es unheimlich zumute :
So einen großen, bunten Vogel
hat er noch nie gesehen, und
dann kann der auch noch
reden!

Michaels kleiner Bruder, Daniel, kommt auch neugierig näher und schließt sofort Freundschaft mit den beiden. «Das ist mein Aquarium mit seltenen Meeresfischen», sagt Michael.
Sabine ist sehr beeindruckt und staunt. Solche Fische hat sie bisher nur einmal im Zoo gesehen. Der kleine Hund ist aber auch von den Fischen nicht sehr begeistert.

Im Garten zeigt der Junge voller Stolz auf seine Erfindung «Dieses Rohr ist unser Geheimtelefon», erklärt er. «Es führt zum Grundstück nebenan, und dort wohnt mein Freund Robin.

Und das ist mein Indianerzelt! In den Stangen hatte sich die Schnur deines Luftballons verfangen», erzählt der Junge. «Der Zettel mit deiner Adresse war ins Gras gefallen, aber da mein kleiner Bruder noch viel auf dem Boden herumkrabbelt, hat er ihn sofort gefunden.»
«So ein Glück!» ruft Sabine aus, «sonst hätten wir uns ja nie kennengelernt!»

Sabine möchte natürlich auch das Geheimtelefon ausprobieren, aber ihr Rufen bleibt ohne Antwort. Michael ist enttäuscht, daß ausgerechnet jetzt sein Freund Robin nicht zu Hause ist. «Schade», meint Sabine, «ich hätte deinen Freund gerne begrüßt.» «Wir können es ja später nochmal versuchen!» sagt Michael. Purzel zeigt mehr Interesse für den Luftballon.

Michael staunt, wie schnell und geschickt seine neue Freundin malt.
«Das ist aber hübsch geworden», lobt er.
«Ich werde es in meinem Zimmer aufhängen, sobald es trocken ist.»

Danach unternehmen sie noch eine wilde Fahrt mit
Michaels selbstgebasteltem Wagen.
Das Mädchen kreischt vor Vergnügen.
Purzel kann kaum mithalten.

Der Wind hat Sabines Bild weggeblasen. Aber sie hat keine Zeit, lange zu suchen, denn gerade meldet sich Michaels Freund über das Geheimtelefon. Robin möchte natürlich auch den Gast kennenlernen, und sie vereinbaren einen Treffpunkt.

Aus Michael ist Häuptling «Schlauer Adler» geworden, und Robin nennt sich nun «Springender Wolf». Die Indianer haben das Kriegsbeil ausgegraben.

Sabine, «die Blonde», ist ihre Gefangene. Das Mädchen macht den Spaß gerne mit und ist kein bißchen ängstlich beim Anblick der wilden Krieger.
Purzel hingegen fühlt sich nicht wohl bei dem Spektakel. Solche Spiele ist er nicht gewohnt. Wie sein Frauchen da noch lachen kann, ist ihm ein Rätsel.

Die Kinder haben sich prächtig verstanden, und die Zeit ist viel zu schnell vergangen. Der Abschied fällt allen schwer.
«Bis bald», ruft Sabine. «Ich freue mich schon auf unser Wiedersehen.»
Die Jungen winken ihr noch lange hinterher und sind sich einig, daß auch Mädchen tolle Kumpels sind.

Sabine

beim Konditor

Abbildungen von Pierre Couronne
Text von Kathi Stockheim

Sabines Freundin hat angerufen : Sie ist krank und kann nicht zum Spielen kommen. Und Oma, die sonst immer so leckere Rosinenkuchen backt, hat heute nur Schokolade mitgebracht. Das Mädchen ist enttäuscht. «Heute geht aber auch alles daneben!» seufzt sie und geht in ihr Zimmer.

Dort herrscht ein
schlimmes Durcheinander.
Sabine schaut sich
verzweifelt um.
«Wie soll ich hier bloß
Ordnung schaffen?»
denkt sie. Der kleine Hund
schaut auch ganz
entmutigt drein.
«Man müßte zaubern
können», träumt Sabine
vor sich hin :
«Hokuspokus Simsalabim,
im Handumdrehen soll
es geschehen,
eins, zwei, drei -
Zauberstab, hilf mir
dabei!»
Aber natürlich hat sie
keinen Zauberstab, und
die Spielsachen
bleiben kreuz und
quer liegen.
Da gibt' s nur eine
Lösung :

... den ganzen Mut zusammennehmen und mit dem Aufräumen beginnen. Sabine singt ein Liedchen und erzählt Purzel lustige Geschichten. So geht die Arbeit viel leichter von der Hand und macht sogar noch Spaß.
Und siehe da, ganz schnell haben sie es geschafft.
Alle Sachen befinden sich wieder an ihrem Platz.
Im Schrank liegen nur noch ordentliche Stapel.
Purzel hat fleißig mitgeholfen!
Alles blitzt vor Sauberkeit.
Die beiden sind sehr zufrieden mit ihrem Werk.

«Weißt du, Mama», sagt Sabine stolz, «ich habe sogar meinen Strohhut wiedergefunden, und mein Zimmer erkennst du nicht mehr wieder!» «Gut gemacht, mein Schatz!» lobt die Mutter. «Zur Belohnung darfst du zum Konditor gehen.»

«Oh, toll! Da werde ich mir die leckeren Rosinenkuchen kaufen.»
Purzel ist weniger begeistert. Er würde viel lieber zum Metzger gehen.

«Sei vorsichtig, paß auf im Straßenverkehr, und lauf nicht so schnell», mahnt die Mutter.

Sabine ist jedoch in Gedanken schon bei den Rosinenkuchen und hört gar nicht mehr zu.

«Purzel, dann mußt du eben auf dein Frauchen aufpassen», ruft Mutter hinterher. Doch auch dem kleinen Hund läuft schon das Wasser im Mund zusammen.

Herr Sommer, der Konditor, begrüßt Sabine freundlich und bewundert ihren schönen Hut. «Ich war heute sehr fleißig», erzählt das Mädchen, «und nun brauche ich dringend eine Stärkung.»

Herr Sommer, der Sabines
Vorliebe für seine Rosinenkuchen
kennt, sagt lachend :
«Bitte, mein Fräulein,
bedienen Sie sich.»

Sabine ist etwas eifrig, und prompt plumpst der Kuchen von der Schaufel.
«Oh! Da habe ich mich aber ungeschickt angestellt», ruft Sabine betrübt.
«Das kann auch einem geübten Konditor passieren», tröstet sie Herr Sommer.

Wenig später verläßt Sabine zufrieden das Geschäft.
«Ich hoffe, wir sehen uns bald wieder», verabschiedet sie sich.
Der kleine Hund wäre gerne noch etwas geblieben, denn es duftet so wunderbar in der Konditorei.
«Auf zum Park, Purzel, dort werden wir es uns gemütlich machen!»

Auf der Straße sieht Sabine ihren Freund Patrick. «Halt! Anhalten!» ruft sie übermütig. Patrick ist entsetzt : Er sieht das Unglück kommen.

«Vorsicht, Sabine! Aus dem Weg!» ruft er. Zu spät - Sabine stürzt zu Boden, mit ihr die Rosinenkuchen. So ein Pech!
Mit einem Sprung kann Purzel sich gerade noch retten.

Der Junge ist ganz verzweifelt. «Hoffentlich hast du dich nicht verletzt! Es tut mir so leid!»

«Ich fuhr wohl etwas zu schnell und habe dich zu spät gesehen», erklärt Patrick zerknirscht. Purzel wirft dem Jungen einen bösen Blick zu und läßt ein Knurren hören.

Sabine ist wütend. «Sieh, was du angerichtet hast. Ich hatte mich so sehr auf meine Kuchen gefreut», sagt sie empört. «Ich glaube, die Kuchen sind nur ganz leicht zerdrückt, man kann sie bestimmt noch essen», versucht Patrick das Mädchen zu trösten.

«Na gut», meint Sabine versöhnt. «Ich lade dich zum Picknick ein, gleich hier!» «In Gesellschaft schmeckt's doch nochmal so gut», lachen die Kinder.

Patrick hat Sabine zu einer Radtour eingeladen. Purzel läuft freudig nebenher. «Ist doch noch ein schöner Tag geworden,» denkt Sabine glücklich.

GEDRUCKT IN SLOWAKEI
I.S.B.N. : 2-8006-3728-5